自己肯定感を上げるためにやってみたこと

自分を好きになりたい。

わたなべぽん

幻冬舎

プロローグ　スマホを心の盾にして

どどど
どうしよ
ドキドキ
ここで急に
ひき返したら
変だし…
あと ほんの 数歩
こんなとき
ついやってしまう
のが…
サッ
ばっ!
ん
"スマホに気を
取られ周囲を
見てない人"を
装い
気付かない
フリをすること
ドキ ドキ
私はスマホに
夢中でーす
ごめんなさーいっ
ドキ
すみません
これ
くださーい
すすす
一瞬ホッと
するものの…
ホッ
なんだかとても
自分が情けなく
なってしまうのです
たった一言の
あいさつを
怖がって
何をコソコソ
してるんだ
私は…

すると気分はどんどん急降下
うっ
こんにちは 今帰り？
ええ
こんにちは〜
世間の人々は みんな なんて ほがらかなんだ
私にゃムリだ…
スーパー HEYYOU
DENTAL
そういえば高校に入学した頃も
何度か話したけど友達かかからない人
なんか冷たーい
ってことがあったっけ
つい嫌な過去を思い出したりして
なんか私って今も昔もしょっちゅうビクビクオドオドしてる
ホント ダメ人間
私のバカ
ハァ
落ち込んでしまうのでした
は〜 こんなときはサッと買い物して早く帰ろ
そして毛布にくるまるんだ…
2,340円になりまーす
〇×ハイツ
あら
ばったり
!!
さっきの奥さま

今お帰りですか〜
朝晩が冷えるようになってきましたね〜
ハイッ
えっと いいいい 帰りで
あっ でも買い物だけなんで
何言ってんだろ
あっ〜 じ じゃあ！
ピーーン
ガガーーッ
予期せぬ会話が苦手で詰まってしまう
ギャ〜〜ッ
絶っっっ対変な人だと思われた〜
ガシ ガシ
なんで私っていつもこうなんだ〜っ
んも〜〜っ
だから私は私が大嫌いなんだよ〜っ!!
キライ キライ 大キライ
いつの頃からか私はどうしても自分が好きになれないことに気がついていました
プルプル
さて こんな私はどうすれば
なんて生きづらい世の中なんだ
ここなるとなかなか浮上できない
ちょこっとでも自分を好きになり人生を楽しいと思えるようになるのでしょうか
つづく

はじめに

私は子供の頃から
自分が好きになれなくて
落ち込むことが
よくありました

楽しいこと嬉しいことが
あってもすぐまた
〝どうせ私なんて〟と
悲しくなってしまい

私がダメな人だから
仕方がないと
思っていました

そんな私がずっと
心に秘めていたのが
いつか自分を
好きになりたい
という思いでした

少し重たい内容のお話も
ありますので読み進めるのが
つらくなったら一度本を閉じて
休みながら読んでくださいね

ゆっくりお茶でも飲んでね

わたなべぽん

もくじ

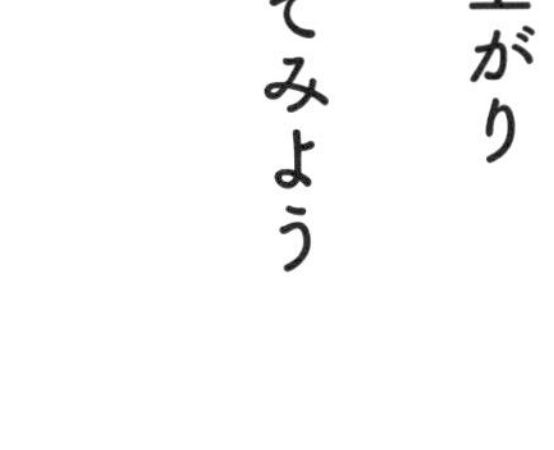
腕くたくた

ぽんぽん
ひっく ひっく

［第1話］つらい記憶

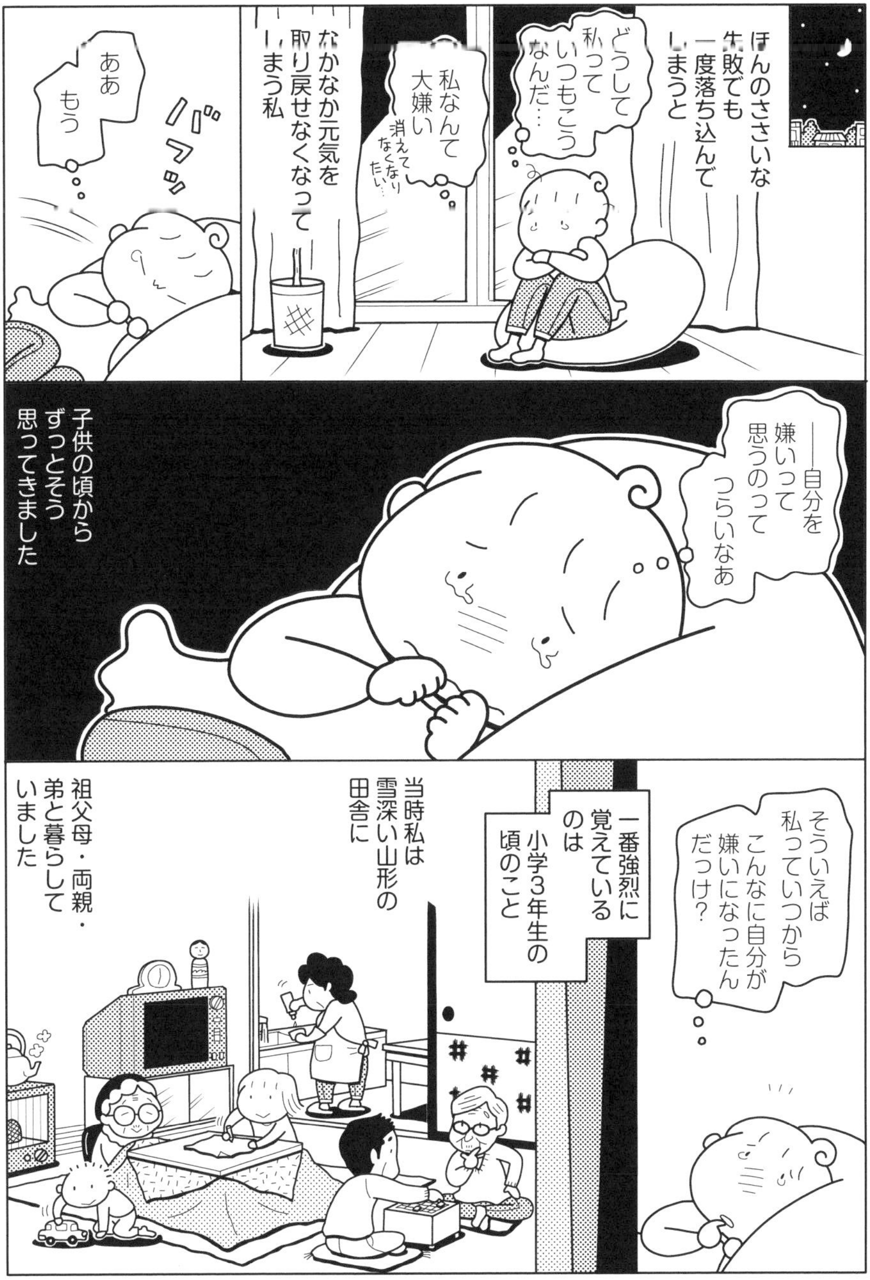
ほんのささいな失敗でも一度落ち込んでしまうと
どうして私っていつもこうなんだ…
私なんて大嫌い
消えてなくなりたい…
なかなか元気を取り戻せなくなってしまう私
バフッ
ああもう
——自分を嫌いって思うのってつらいなあ
子供の頃からずっとそう思ってきました
そういえば私っていつからこんなに自分が嫌いになったんだっけ？
一番強烈に覚えているのは小学3年生の頃のこと
当時私は雪深い山形の田舎に
祖父母・両親・弟と暮らしていました

ぽんは本当に絵を描くのが好きだねぇ どれ おばあちゃんによく見せて
うん！いいよ！
父方の祖母
コラ！
今日使った弁当箱を出しなさい！
なんで毎日言われなきゃできないの!!
は はーい
母は幼い私にとって
この世で一番恐ろしい人でした
じーっ
一見人当たりが良く世話好きで
テキパキとよく働く明るい人ですが
いいのよ任せて！
山形名物芋煮
時々ご近所と衝突するほど気が強い一面がある母
ぞうきんのひとつも縫えないなんて母親失格
ヒソ ヒソ
嫌な感じ
ねぇ
PTAの集まり
そしてこの頃の私はとにかくおっとりしていて忘れ物や無くし物が多い問題児
ヤバ…そういえば昨日も学校にお弁当箱を忘れてきたんだった
今日持ってきたっけ？
ゴソ ゴソ
学校の机も私のだけぐちゃぐちゃ

えーっと
えーっと
忘れた
まさか
また忘れて
きたの!?
昨日も忘れて
あれだけ叱ら
れたくせに!!
明日持ってく
弁当箱が
ないじゃないの!!
毎日のように
母に叱られて
いたのでした
ごめん
なさい…
そして母が
一度怒りはじめると
お前は
何をするにも
だらしないから
忘れ物や
無くし物を
するんだ！
バチン
1～2時間は
説教とお仕置きが
続きます
みかん
こうなるともう
家族の誰も母を
止められなくなり
ね ねえ
もうその辺で
いいんじゃないの?
うるさい!
親子のことに
口出しして
くるな!!
竹のものさし
祖父と
父は
知らんぷり
気がおさまるまで
待つしかありません
でした
でもこの日は
特に虫の居所が
悪かったようで
突然私を
無理矢理
裸にすると…

ポイッ
!!
その夜外は雪がつもり吹雪で…
っ冷たっ…
ブルッ
お前なんか産むんじゃなかった
いらないからどっか行け
ガーッ
このとき
なんで私っていつもお母さんを怒らせることばかりしちゃうんだろう
ガチガチ
こんなダメな自分なんて大嫌いだ
はっきりそう自覚したのでした
この後しばらくしたらおばあちゃんが助けに来てくれた
こんなことのくりかえしで私の心のどこかに
私ダメな人
自分大嫌い
という考えがこびりつき

大人になった今でも拭い去れずにいるのでした
そういえば あの頃やたら絵を描いたり マンガに没頭していたのは
近所のいとこが半年に一度まとめて持ってくる週刊少年マンガ雑誌
ひまさえあれば絵を描いていた
授業中も描いてた♪
アラレちゃんと鬼太郎が大好き
私の唯一の現実逃避だったからなのかも
それにしても…
よく考えたら 子供の頃から あんなにダメダメ 言われてたら
そりゃ誰だって 自分を嫌いに なっちゃうよなぁ
ホントにダメな子供だったけど
あの叱り方はないわ…
と、今では思える
ん？ ——って ことは
たとえダメな子供だったとしても せめて愛情をかけて育てられていたなら
今頃少しは自分のことを好きになれて
それなりにちゃんとした大人になっていたかもしれない
じわ〜
ズビーーッ
私はこのとき
もう一生 この“自分が嫌い”と思う苦しみが
続くものだとばかり思っていたのでした
くそ〜〜
母親のせいだっ
一生が台無しだっ
じたじた じたじた

実は…
自分が嫌いなんです
あるある
服装が極端
全身ガッチリコーディネート
or
全然気にしない
ヨレヨレトレーナー
店員さんが忙しそうだと声をかけづらく ついオーダーをガマンしてしまう
えっあの
まいっか
バタバタ
美容院にタレントの切り抜きを持っていけない
中村アンちゃん
ステキー
さも今決めましたって感じでその場のヘアカタログで決める
じゃあこんな感じで〜
無難なロングヘアに
だけどしばらくすると
こんなにガマンしてるのに
イライラ
ムカムカ
逆ギレみたいな怒り方をしてしまう
派手で楽しそうにしている人が
ふーん
うらやましい反面 ちょっとバカにしている
ふふっ
わりとブランド品や有名なものが好きだったりする
一部で人気のお高め日用品
有名な工芸品
わかりやすいブランドや
好きな俳優がいても
カッコいい！顔が好き!!
と素直に言えずつい
キャー
キャー
演技が思ったよりも上手でさ出てるドラマも脚本が良くて〜
言いわけしてしまう

［第2話］今からでも、変われる？

自分に自信がないからか
まどーせ私なんて誘われるわけないか
実は偶然町でバッタリ会いついでに一緒に行っただけ
なんて思ってしまったり
えーっと 3人で割ったら3563円か〜
あっいいよいいよ ふたりは3500円で さっきおみやげもらったし
えっ
なんか悪いなぁ
でも…
いいからいいから
ほらっ 細かいのってめんどくさいし ねっ
じゃお言葉に甘えて
小銭なかったから助かる! ありがと〜
ぽんちゃんって優しいよねぇ
ねー
やたらと周囲に気をつかい
過剰に親切にしたり損をひきうけたりしてしまいます
えーっ そう? あははは
優しいっていうか嫌われたくないだけなんだけど…
じゃーねー
バイバーイ
こんな私ですが
はぁ またやってしまった
ひとり反省会中

今まで何回も自分を変える努力をしてきました
一応ね
少しでも自分が好きになれるよう 欠点をなくす努力もしたし
いっぱいダイエットした
うひゃひゃ
バシバシ
ムダに陽気な人になろうと思った
汚部屋も片付けた
ゴミ
ゴミ
思い切ってキャラを変えれば生きやすくなるかも? と思ったこともあった
なりたい自分になれたときには嬉しくて
私だってやればできるじゃないか!
これならもう他人に笑われない!
これからは自由に生きられるかも
あははは
悩んでても仕方ないし〜
このまま自分を好きになれると思ってた
でもしばらくしてその環境に慣れてくると
変われたときの喜びがうすれてきて
ぼー…
部屋が片付いていて太っていないのが
当たり前になってしまった
ある日ささいなことですぐ元の自分に戻ってしまう
ぽんちゃんて案外ズボラだよね
ギクッ
やっぱり私ってダメなんだなぁ
もちろんやってみたことは無駄じゃなかったけど
結局私は自分が嫌いなまま…

やっぱり子供の頃にあんな風に育てられて
こんな大人になっちゃったんだから
お前なんて産むんじゃなかった！
バチン
人間ちょっとやそっとじゃ
変われないんだなぁ
三つ子の魂百までとかいうし…
ただいま〜
おかえり
楽しかった？
あ
うん！楽しかった
えへへっ
何観てるの？
これ？
この前録画してたドキュメンタリーなんだけどね
この80歳のおばあちゃん
最近自力で勉強して高校受験したんだって！
今高校生なんだよ
えーっ
スゴい!!
80歳の高校生
あの時代は戦争で大変だったし
家族みんな食べていくのに必死だったから
進学したくても親に言い出せなかったの
——でも

今なら時間も
あるしお金も
自分でどうにか
できるから
元気な内に
チャレンジして
みようと思った
のよ
高1
子供の頃
やりたかった
のに親に言い
出せなかった
こと…かぁ
私だったら
何だろう
いつも母が
買ってくる
服は赤や
ピンクだっ
たけど
本当は青や
緑の服が
欲しかったな
親せきからのおさがりも多かった
ノートや
えんぴつも
自分で選び
たかったし
実はピアノや
歌を習って
みたかった
——っていうか
そもそも
私のこと
ぶたないで
欲しかった
ズキッ
するとそのとき
心が痛むような
感じとともに
私の中から
えぇっ!?
にゅ〜
〝子供の頃の私〟が
飛び出してきた
ような感じが
しました

もっと優しくして欲しかった
ちょこん
ごはんのときはもっと楽しく食べたかった
私の得意なことももっと見てて欲しかった
友達のこと学校のことももっと聞いて欲しかった
他の子みたいに私もちゃんと愛して欲しかった!!
ちゃんと育てて欲しかった!!
〝子供の頃の私〟はあの頃欲していたことを今も求め続けていて
ズビーッ
そしていつも心のどこかで感じている
自信がない
私は人としてどこか欠けている
私が人に好かれるはずがない
うじうじ
よくある風景
こんな気持ちも
だってちゃんと育ててもらってないからだもんだから私はダメなんだもん
だから私は私が嫌いなんだもん
実は彼女の言葉だったのだと気がつきました

……
ギュッ
例えば子供の頃
母が優しくして
くれなかった分
今の私が
子供の頃の
私の声に
耳を
傾けて
フン
当時やりたくても
やらせてもらえ
なかったことや
できなくて
投げ出して
しまった
ことに
合唱
はみがきがんばろう
ドリル
算数
もう一度
チャレンジ
してみたら
私は変わる
ことができるの
だろうか
すごいね～
人間やろうと
思えば
年齢なんて
関係ないん
だね～！
おばあさん
えらいなぁ
！
――そして
自分を好きに
なれるんだろうか
こうして私は
〝子供の頃の私〟と
向き合うことに
決めたのでした
そうだね
きっと
うん

実は…
自分が嫌いなんです
あるある
本気を出せなかったりすぐあきらめたり
どーせダメだし
本気を出して失敗するのが怖いのかも
資格
食べ方に問題がある
食べ過ぎ
食べなさ過ぎ
飲み過ぎ
食べることにお金かけ過ぎ
ほどよくってのは難しいもんだよね
一瞬自分のことを笑われているのか不安になる
あはは
ビクッ
ドキドキ
気を許した友人や恋人には
自分のすべてを知ってもらいたいしすべてを話してもらいたい
私のすべてを知って許して受け入れてもらいたいのよ
そ、それはちょっと重いよ…
あっごめんがログセ
?
聞かれてないことをついペラペラ話してしまう
沈黙が怖いのとバカにされたくないのと
あのギョーザがおいしくてさ!皮がモチモチしてて!
モチモチといえば子供の頃もちつき大会があってさー それから〜
束縛したいしされたい
毎日LINEして!!
LINE
ついいい人になろうとする
そしてムリが出る
いい人

実は…
自分が嫌いなんです
あるある
ついつい興味がない風を装ってしまう
ふ～ん
あっそう
そんなの好きなの？って言われたら恥ずかしいし
ほめられるの超苦手
そしてその言葉の裏をつい探ってしまう
あれ？
ちょっとキレイになった？
いやいやいや
そんなことないし
てかもしかして化粧濃かった？ごめんねっ
つまらないことでも批判したくなってしまう
この曲このCMに合わないわ～
内心自分は“ツッコミ”だと思っている
しかも辛口の
期待に応えなければとがんばり過ぎて疲れてしまうことがよくある
テキパキ
テキパキ
人の意見にふりまわされることがよくある
うんいいね
えっとその あの うんそれもいいよね
だってお金ないし だって時間ないし
だって知らなかったし
だって仕方ないし
いつも言いわけしている
自らすすんで損をする
一番小さいの食べる
PIZZA

［第3話］子供の頃、できなかったこと

そーいえば赤いクツに憧れてたし
金色の腕時計が欲しかったし
あホッピング欲しかったなー
ガショ ガシャ
カキ カキ
おっと
なんだかただの欲しい物リストになってしまいそうだ
まいっか
次はうまくできなかったことかあ…
んーーっ
なんだか少し書くのに勇気が要るなあ
えーっと
一度も自力で逆上がりを成功させたことないし
どっちが右なのか左なのかどうしても覚えられなかったし
それは今もあやしい
えっと右?
右左がわからなくて視力が悪いと思われたり
順番を守ることや人の話を聞くことができなくて
あきっぽい
ソワソワ
こういうお菓子を端から順番に食べたりできなかった
チョコレート
18
+27
くりあがる計算がもうダメ
そういえば簡単な計算でも苦手だったなあ
今もそうだけど
するとまた〝子供の頃の私〟が飛び出してきて…
わっ
にゅ〜
もっとあるよ!

ちゃんと宿題できたことなんてないし
歯みがきカレンダーも私だけ提出できなかった
すごく太っていたからクラスで一番走るの遅かったし
忘れ物女王だし片付けが苦手だし…
―それに親子体操ができなかった
親子体操？
しゅん…
そのとき今まで忘れていた幼い頃の記憶が一瞬にして戻ってきたのでした
はっ
そうだあれは確か小学校にあがる直前だった
入学する小学校の説明会&オリエンテーションに母娘で参加したとき
ピカピカの一年生おめでとう
はーい！
ラジオ体操で体がほぐれたら次は親子体操をやってみましょう
じゃあまずはお父さんやお母さんと両手をつないでくださーい

ほら！早くしなさい
えっと あの…
私にとって母の手は恐れ多くて怖いもので
何してんの！どうしてできないのよ！
だって…
自分から触れることがどうしてもできませんでした
ドキドキドキ
みんなどうしてあんなに楽しそうにできるんだろう
そのままひざに乗って〜！
キャッ
キャッ
それにもし失敗でもしたらひどく叱られそうでチャレンジできなかったのです
オロオロ
んもう！グズ!!
プイッ
私達母娘だけその場に座り込み
ふと盗み見た母の横顔は
キャー
くるんっ
怒っているような悲しんでいるような
…………
見たこともない表情だったことを覚えています

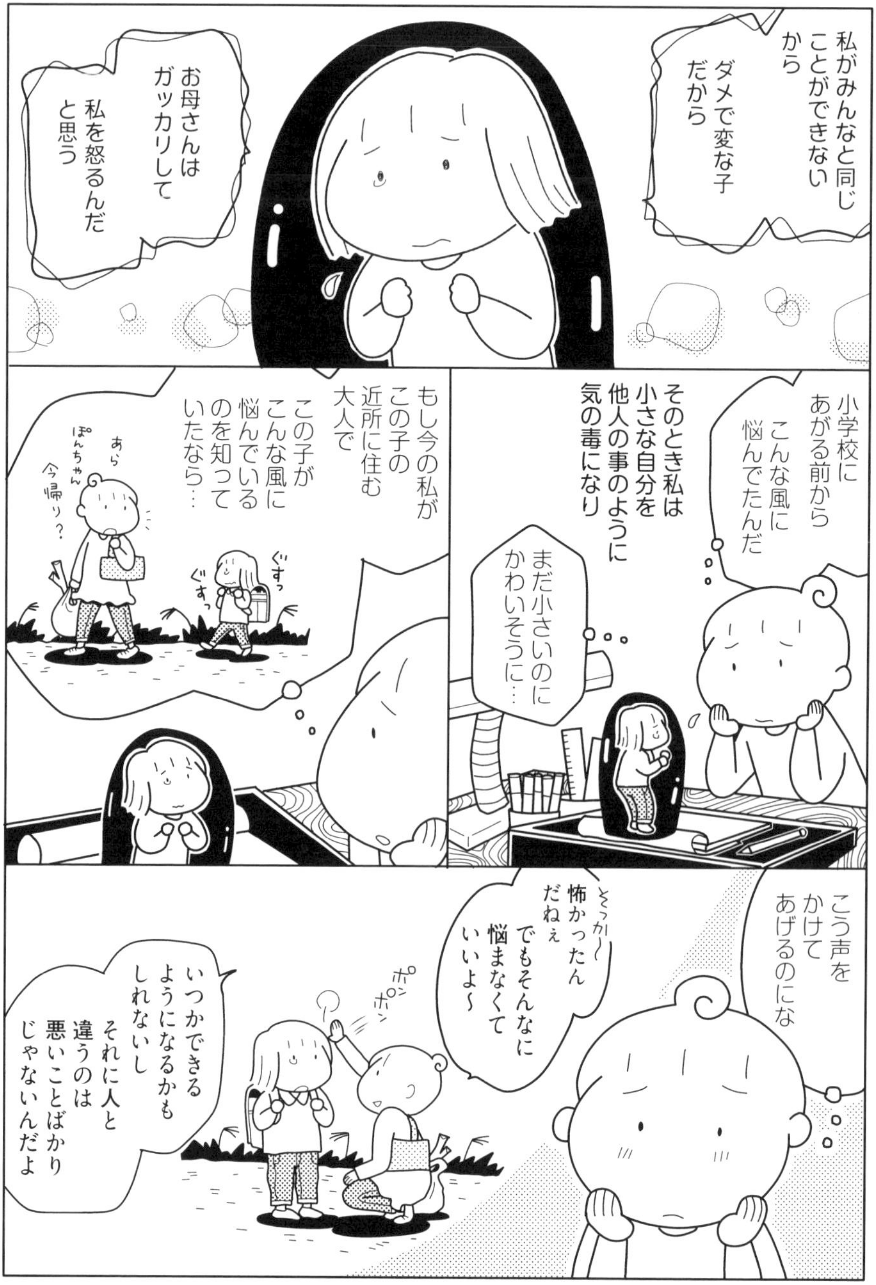
私がみんなと同じ
ことができない
から
ダメで変な子
だから
お母さんは
ガッカリして
私を怒るんだ
と思う
小学校に
あがる前から
こんな風に
悩んでたんだ
そのとき私は
小さな自分を
他人の事のように
気の毒になり
まだ小さいのに
かわいそうに…
もし今の私が
この子の
近所に住む
大人で
この子が
こんな風に
悩んでいる
のを知って
いたなら…
あら
ぽんちゃん
今帰り？
ぐすっ
ぐすっ
こう声を
かけて
あげるのにな
そっか〜
怖かったん
だねぇ
でもそんなに
悩まなくて
いいよ〜
ポン
ポン
いつかできる
ようになるかも
しれないし
それに人と
違うのは
悪いことばかり
じゃないんだよ

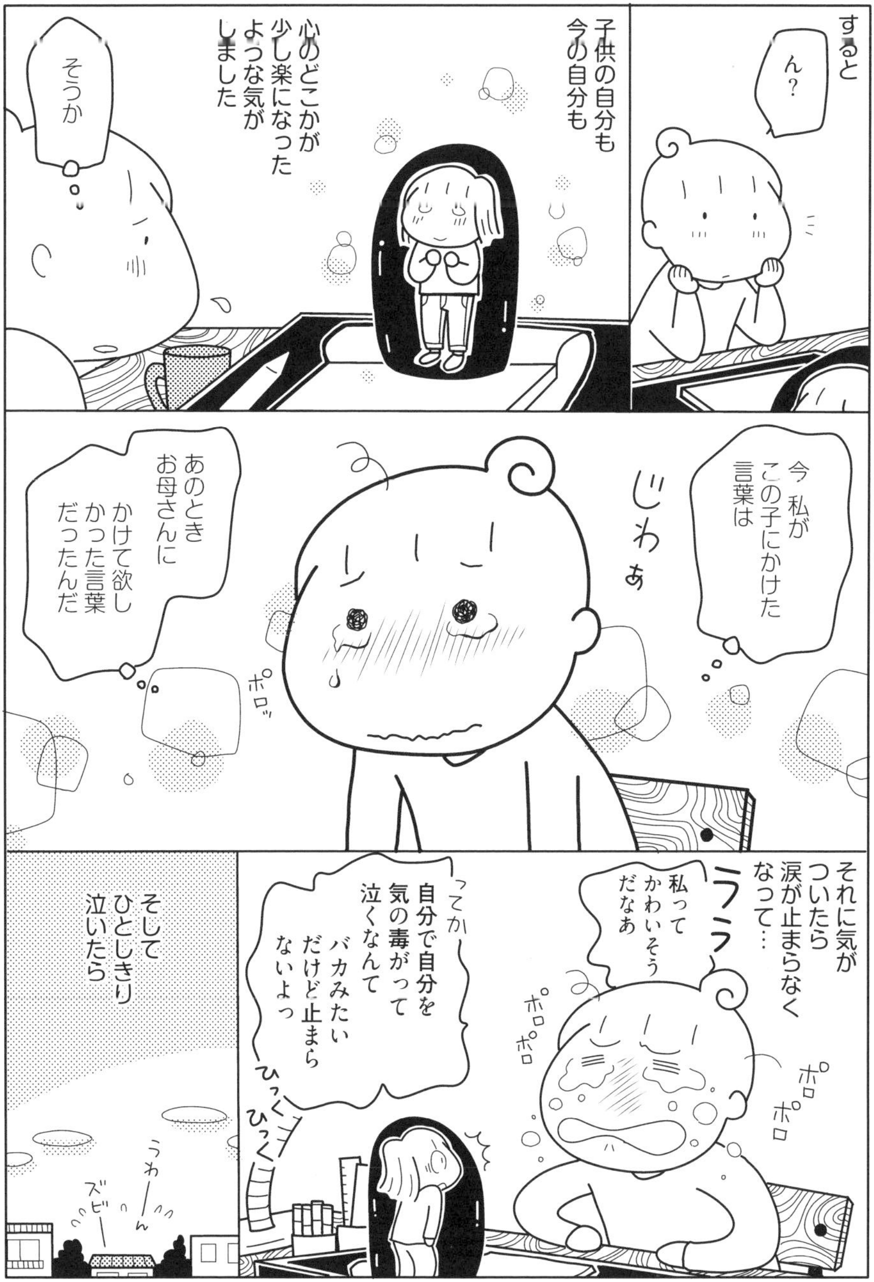
すると
ん？
子供の自分も
今の自分も
心のどこかが
少し楽になった
ような気が
しました
そうか
今 私が
この子にかけた
言葉は
じわぁ
あのとき
お母さんに
かけて欲しかった言葉
だったんだ
ポロッ
それに気が
ついたら
涙が止まらなく
なって…
ララ
私って
かわいそう
だなぁ
ポロポロ
ポロポロ
ってか
自分で自分を
気の毒がって
泣くなんて
バカみたい
だけど止まら
ないよっ
ひっく
ひっく
そして
ひとしきり
泣いたら
うわーん
ズビー

は〜
なんかスッキリした
私ひとりでなにやってんだろ…
ズビー
コポコポ
うん
ズビー
人と違うのは悪いことばかりじゃないよ
ポンポン
母はそうは言ってくれなかったけど
私は自分でそう思える大人になれた
そこはちょっとエライ！と思っておこう
それはもしかしたら私が私を肯定しはじめた第一歩で
これから先大きく変わっていくキッカケだったのかもしれません
よし！
“大人になってから再チャレンジするリスト”もできたし
少しずつトライしてみるか
うん！
再チャレンジリスト
ただいま…
わっ
どしたのその顔!!
えへへ

実は…
自分が嫌いなんです
あるある
ギャンブルやスマホゲームフリマに過剰にハマる
このドキドキ
たまらない!!
つい先のばしにするクセがある
ま明日でいっか
意外と自慢話が好き
人に悩みを相談されると無性に嬉しい
実はさー困ったことがあって～
えっ!? 何、何? どしたの?
割とアドバイスしたがりな面も…
時々人間関係をすべてリセットしてしまいたくなる
これ全部消したらスッキリするかな
持ってる下着の数が少ない
パンツ3枚
ブラ2枚
お手洗いのメイク直しコーナーに並ぶのが苦手
実は完璧主義だ
九条ネギが手に入らないならこのメニューは作れない!
普通のネギ
レシピ
いっそのことダメな人と思ってもらった方が気が楽
でも本当に
あはは
ダメな奴だなー
ガーン
と言われると寝込むほどヘコむ

［第４話］思い出の金の腕時計

無理を言って母に買ってもらうことに成功
んも〜 仕方ないなぁ
やったー！
コーン
安い
ウキウキで帰宅したものの…
しょっぱいし体にあんまり良くなさそうだから半分だけにしておきなさいね
コポ コポ コポ
と スープの素½に湯をなみなみと注いだ母
！
味薄っ!!
トロ〜リ
おいしい？
しゃばしゃばだし…
今両親が80歳近くてもピンピンしてるのは母の健康管理のお陰だと思うんだけどね
当時は濃いコーンスープに恋こがれたなぁ
へ〜
元気だもんね〜
その後大学生になってふと思い出して買ってみたんだけどさ
分量通りのお湯で作ったコーンスープはトロトロ〜で最高にうまかったなぁ
実はきょうも飲んでる
ホウ…
夫君がしょっちゅうコーンスープ飲んでるのには
こういうワケがあったのか…
私は何を買おうかな
ん──っ
いっぱいあって悩んじゃう〜
？
バタ バタ

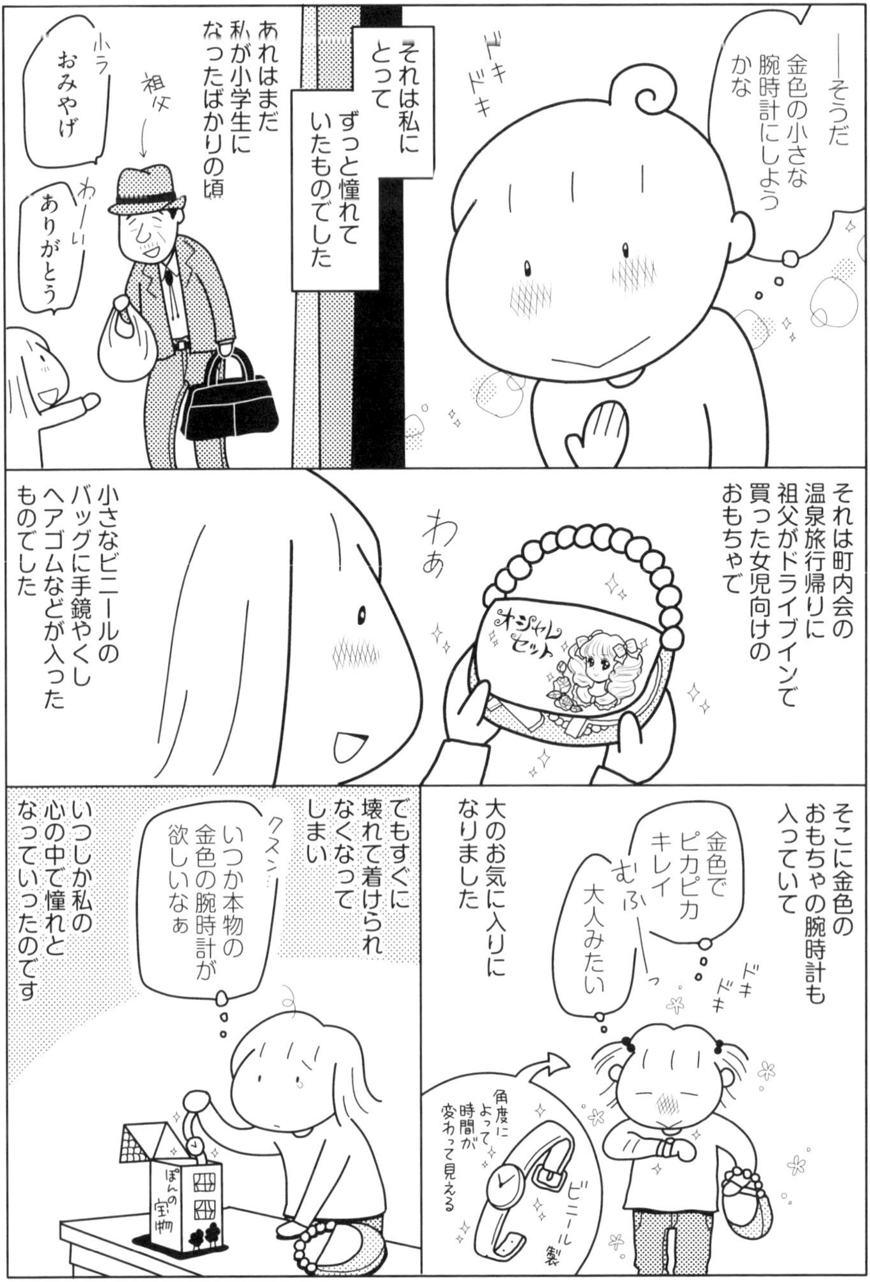
——そうだ
金色の小さな腕時計にしようかな
ドキドキ
それは私にとって ずっと憧れていたものでした
あれはまだ私が小学生になったばかりの頃
ホラ
おみやげ
祖父
わーい
ありがとう
それは町内会の温泉旅行帰りに祖父がドライブインで買った女児向けのおもちゃで
わぁ
オシャレセット
小さなビニールのバッグに手鏡やくしヘアゴムなどが入ったものでした
そこに金色のおもちゃの腕時計も入っていて
金色でピカピカキレイ
むふーっ
大人みたい
ドキドキ
大のお気に入りになりました
角度によって時間が変わって見える
ビニール製
でもすぐに壊れて着けられなくなってしまい
クスン
いつか本物の金色の腕時計が欲しいなぁ
いつしか私の心の中で憧れとなっていったのです
ぽんの宝物

それから8年後 亡くなった祖父の法要のとき
ねぇ ぱんちゃん
あ、東京のおばちゃん
すごく髪が短かった
ぱんちゃん 来年高校生でしょ おばちゃん入学祝い持ってきたの
はいこれ
わぁありがとうございます!
ペコリ
法要のときで申し訳ないんだけどねぇ でもこんなときじゃないとなかなか会えないでしょう?
使ってもらえると嬉しいわ~
!!
キレイ!!
それは偶然にも金色の腕時計でした
嬉しい!! ありがとうおばちゃ…
ダメッ!
これはいただけません!!
キッ
そんなどうして
当時母は私が身に着けるものに異様に厳しくしていました
お返しします

思春期に
おしゃれや
異性に興味が
わいてくるのを
嫌って
私に男の子の
ような格好を
強いていた
ようでした
髪型はカリアゲ
服はジャージか母のおさがりTシャツ
色つきリップクリームをこっそり買ってぶたれたことも…
高校生に
こんな色気
づいたような
時計だなんて!
だいたい
男の子みたいな
この子に似合い
ませんから〜
おほほ
そ そんな
ことないわよ
ねえ
……
じゃあ
タンスにでも
しまっておいて
高校を卒業
したら着ければ
いいじゃないの
せっかく買ってきたんだからねっ
うっうん
ビクッ
いいえ!
結構ですっ
持って帰って
くださいっ!!
今思うと他にも虫の居所が悪くなるようなことがあったのかも
結局おばさんは
時計を持ち帰り
私の腕に
巻かれることは
ありませんでした
今でも
なんとなく
金の腕時計を
思うと
悲しくなったり
「自分には似合わ
ない」って思っ
ちゃって
ステキだと
思ってても
身に着けられ
ないんだよね
でも
今こそ
思い切って
買ってみるのも
いいかも!
ドキドキ
——こうして

理想の金の腕時計を探すことにしたのです
じーっ
んー これもステキ
とはいえホントに似合うんだろうか
レディースウォッチ カタログ
たっぷり1カ月迷いに迷って
決めたーっ！ これにするっ!!
ビクッ
カタログ
選んだのは小さな文字盤でメッシュベルトの金色の時計
シチズン Kii:シリーズ ¥27,000くらい ※現在廃番
お
時計買うの？
どれどれ
シンプルだね〜！
いいじゃないの〜
でしょ
カタログ
だって この時計が一番
〝心の中の幼い私〟が喜んでるからね
わあ
おじいちゃんがくれた時計にそっくり！
カタログ
そして数日後
ただいま〜
買っちゃった買っちゃった♡
ドキドキドキ
っっっ

さっそく着けてみよっと
ガサガサ
はっ
ぴたっ
そんな色気づいたような時計!!
ゴクリ…
ドキドキ
ペチペチ
私はもう自分の好きなものを買えるし着けられるんだ!
うん!
えいっ
――わぁ!
キラキラ
キラ
それは小さいながらもキラキラとキレイで
心の中のわだかまりを溶かしてくれるような気がしました
――な〜んだ似合わなくなんてないじゃないか
ねっ
うん
キレイ!!
それからというもの
朝 身支度をするとき
よし! 準備完了!
パチン
毎日時計を身に着けるようになった私

時計は
いつもキラキラ
目に楽しい
だけでなく
ん――
いつ見ても
キレイ♥
ほう
外出中
ギャ〜
だからママ
言ったでしょ！
言うこと
きかない子は
うちの子じゃ
ありませんっ
普通の躾だと
わかっていても
母の怒号を連想して
胸が苦しくなって
しまうこんなときも
ドキドキドキ
ひ〜〜っ
叱る声が
怖い…
ひどいときには吐き気や涙が止まらなくなる
！
そうだ！
私は自分の
意思で行動
できる大人に
なったんだ！
ふうっ
深呼吸
深呼吸
もう
あの頃の
私じゃないぞ
キラ
キラ
キラ
ふう
かつて母に否定され
自分には似合わ
ないと思っていた
金の腕時計を
大人になって手に
入れることができた
この時計を見るたび
そう決意できた
自分の勇気を
思い出させてくれる
感じがして
うん
もう
大丈夫
元気
元気
てく
てく
てく
てく
私は少しずつ
強くなっていける
ような気がする
のでした

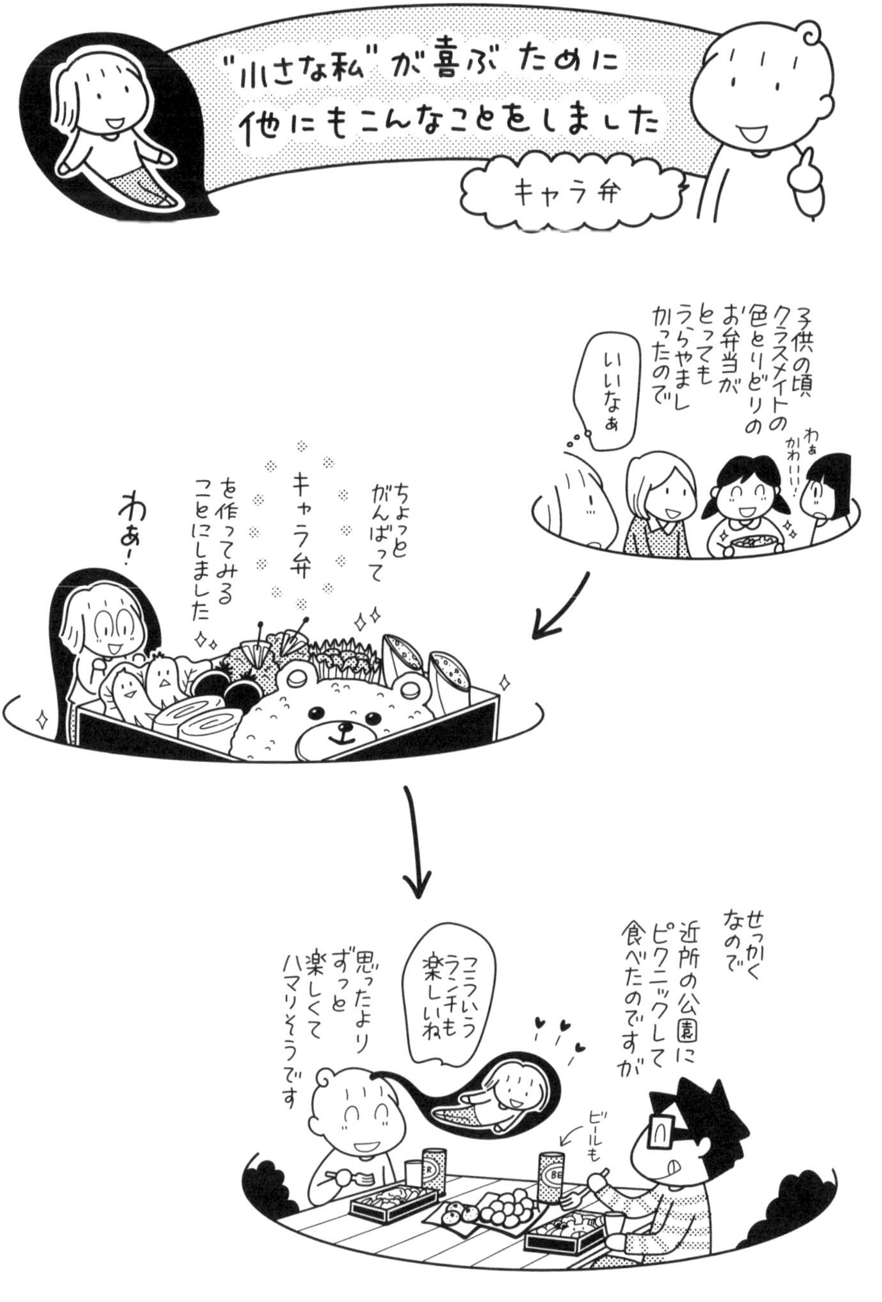
"小さな私"が喜ぶために
他にもこんなことをしました
キャラ弁
子供の頃クラスメイトの色とりどりのお弁当がとってもうらやましかったので
いいなぁ
わぁかわいい！
ちょっとがんばってキャラ弁を作ってみることにしました
わぁ！
せっかくなので近所の公園にピクニックして食べたのですが
コウいうランチも楽しいね
ビールも
思ったよりずっと楽しくてハマりそうです

［第５話］子供の頃、して欲しかったこと

わ〜〜っ おいしい！
うん うん
よっしゃ！ クリア！ ポイント ゲット！
こんな感じ
テロレロリ〜ッ
ポン ♀ ヒト
HP ＋ 1
ぐっ
なんだか 経験値が ちょっぴり 底上げされた ような気が しています
私が今まで 自分のことを 人として どこか欠けて いるような 気がしていた のは
子供の頃の 経験が足り ないと感じてる せいも あるんだろうし
パク
んまっ
だから 少しずつ欠けた ところが埋まって いけば 自分が好きに なれるかも しれないよね
さて "大人になって から再チャレンジ するリスト" 次は何を やろっかな
ん？
ジャ〜
ゴシ ゴシ
夫君って 歯みがき マメだよなぁ
育ちが 良いんだ ろうなぁ
シャコ シャコ
食後の 歯みがき もちろん 虫歯ゼロ
毎日嫌々磨いてる 私と大違いだわ

あ！ そうだ！ 次は〝歯みがきカレンダー〟にしよう！
それは小学生の頃学校から配布されていた歯みがきのチェックシート
歯みがきしたらイラストをひとつ塗りつぶしていく
7月
私は子供の頃歯みがきも毎日コツコツ続ける作業も大の苦手で
カレンダーを一度も完成させたことがありませんでした
ポイッ
めんどくさっ
できあがったら心のわだかまりがひとつ消えるかもしれないし
童心に返ってやってみるか～
よし！ まずは歯みがきカレンダーを作ろう！
できるかなぁ
そしてできあがったのがこれ！
月
歯みがきしたらリンゴの半分に色を塗ります（1日2回）
洗面所に貼って毎回好きな色で塗れるよう色えんぴつも置いておこうっと
お！ ピンにさしておくとかわいいなぁ
5月

翌日から
歯みがきカレンダーをつける日々がスタート！
歯みがきそのものは嫌々ながらも毎日していたので
大人になって必要性を理解しました。
シャコシャコ
続けることはそんなに難しくはなく
きょうは何色で塗ろっか
オレンジ！
日々増えていくカラフルなリンゴに充実感がありました
すごい！もう少しで1ヵ月達成だ！
テロレロリ〜ン♪
ポン ♀ ヒト
HP＋1
経験値上昇中
やったー！
スゴイスゴイ
むむ〜それにしても今となってはこんな簡単なことがどうして子供の頃はできなかったのか不思議…
ん？
――そういえば
わーカラフルでキレイ！
お母さんと一緒に塗ったんだよ！
クラスメイトのYちゃん
お父さんやお母さんと一緒にやってみましょう

子供ひとりで続けるのは難しかったのかもな
でもそれならなぜ父や母は一緒にやってくれなかったんだろう…
はっ
パチッ
パチッ
せっかくいい気分だったんだから悲しくなるようなことを考えるのはやめよう
キラーン
7月
今はとにかく私が親になったつもりでこの子が〝して欲しかったこと〟に付き合うんだ
そんなことがあってから
シャコ
シャコ
シャコ
シャコ
シャコ
歯みがきカレンダーだけでなく日常の様々なシーンで
きょうはどっちの服がいい？
え〜っと
黄色！
にゅううん
私は〝小さな私〟に声をかけるようになりました

洋服にシミやシワはない？
うん 大丈夫！
あの頃できなかったことを
忘れ物がないように一緒にチェックしよう
うん いいよ
はげましたりほめたりしながら
出かける前に片付けようね
がんばってやっちゃおー
はーい
えらいっ
そんなある日
お〜
髪 上手に結べたね！
練習したもんね
にゅいーん
編み込みするのが夢だった
うん！ 私 できるようになったんだよ！
！
——そっか 私 できるようになったんだよね
自分の力でできるようになったことを改めて実感したような気がしました
うんっ
はっ
ヤバッ 取材に遅れるっ
これまで劣等感から泣いたりヘコんだりすることが多かったけれど
ぴょん ぴょん

自分なりに少しずつでも成長しながら生きてきたんだから
プシュー
ふー 間に合った！
過去を責めてばかりで今の自分を認めないなんて
ガタンゴトン
ガタンゴトン
もったいないことなのかも
今でも許せないことや思い出して悲しくなることはあるしこの先も忘れることはありません
それに過去にあったことは今更変えられないけれど
Nさーん Fさーん
あ ぽんさーん
おはようございまーす
自分の力で今を幸せに変えていけるのだとしたら
ぽんさんきょうの髪型ステキ～
ありがとう～
過去を責めたり囚われたりせずに生きていけるかも知れない
そうなったらいいなぁ 多分すごく時間はかかるだろうけど
少しだけ風向きが変わりそうな私です

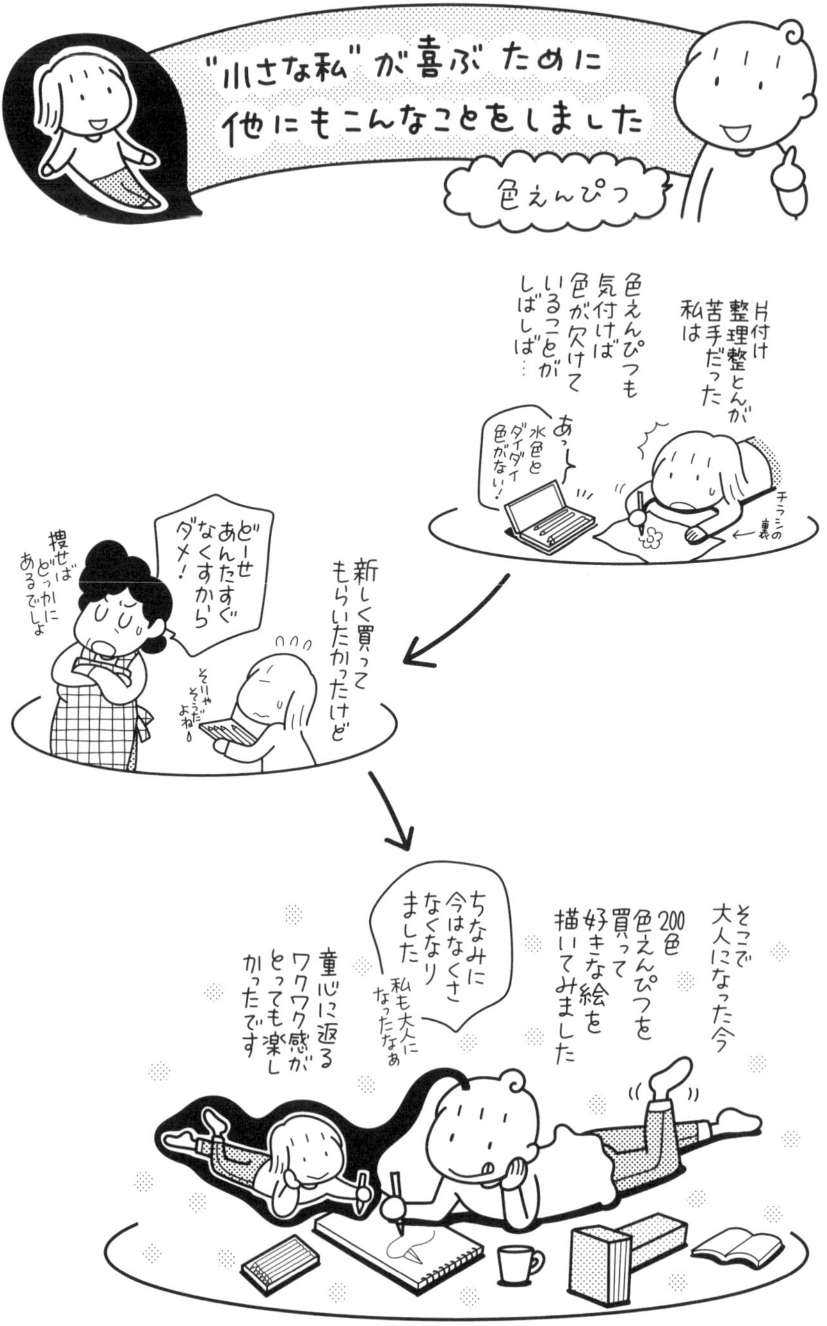
"小さな私"が喜ぶ ために
他にもこんなことをしました
色えんぴつ
片付け 整理整とんが 苦手だった 私は
色えんぴつも 気付けば 色が欠けて いるっことが しばしば…
あっ 水色と ダイダイ 色がない!
チラシの裏
新しく買って もらいたかったけど
どーせ あんたすぐ なくすから ダメ!
捜せば どっかに あるでしょ
そりゃ そうだよね。
そこで 大人になった今
200色 色えんぴつを 買って 好きな絵を 描いてみました
ちなみに 今はなくさ なくなり ました
私も大人に なったなぁ
童心に返る ワクワク感が とっても楽し かったです

［第６話］大人になってからの逆上がり

言わなきゃ誰にもバレないことなんだけど
なんとな〜く今でも
逆上がりできない＝どんくさい
って感じがして心のどこかに劣等感があるんだよねえ
おっ
にゅうううん
逆上がりできるようになりたい!!
うん
そうだよね じゃ じゃあトライしてみるか
ホントにできるようになるか分からないけど
そこで今回は“大人になってから再チャレンジするリスト”から
『逆上がり』をやってみることにしました
——とはいえ…
練習するとしたら近所の公園の鉄棒で
ひとけの少ない夜に練習するしかないけど
ひとりじゃなんだか恥ずかしいかも…
そこで夫に練習に付き合ってもらえるよう
相談することに
おかえり〜
あ あのね
もじ もじ
お？なんだなにかやらかしたのか？

――と いうこと なんだけど 練習の 補助をして もらえない かなぁ
ん？
もじ もじ もじ
実は僕も 一度も自力で 逆上がりを成功 させたことが ないんだよね
だから すごく気持ちが わかるよ
こんなに 身近に 仲間が いた!!
僕もできる ようになり たい！ 一緒に練習 してもいい かな
じゃ――ん！
大人の逆上がり隊 結成！
おお！
じゃ一緒に やろう！
ということで 夫とふたりで 練習することに
夜10時 近所の公園
思ったより ひとけもなくて やりやすいかも
ここで練習 しよう！
うん
でではでは
ドキドキ
約30年ぶりの 逆上がり やってみるぞ
せーのっ

ふんっ
ふんっ
ぴたーん
ぴたーん
はっ〜
ダメかぁ〜
理屈はなんとなくわかってるから案外すぐできるかもなんて思ってたけど…
腕を伸ばさない
蹴り上げたら
足のつけ根を軸に回る
くっそ〜〜っ
ふんっ ぴたーん
ふんっ ぴたーん
ん〜っ
もうちょっとでいけそうな気がするんだけどなぁ
うう…
やっぱりできないのかなぁ
ハァ ハァ
脳裏によみがえる嫌な思い出
にゅうううん
はっ
そうだった
"子供《こ》の頃《の》の私《子》"の親になったつもりで考えて行動するって決めたんだった

え〜っと
私がもし
この子の母親
だったら
子供だけに
練習させるんじゃなくて
私も一緒に
がんばって
おっ!
くりん
やれば
できる!!
ってことを
感じて欲しいし
一緒に喜びたい
もしも
できなかったと
しても
がんばったことを
ほめてあげたいし
がんばったね〜
わしゃ
わしゃ
何度も
挑戦して
えらかった!!
努力や
チャレンジして
みることが
大切なことだと
知って欲しい
そして
何より
逆上がりが
できないことが
人より劣ってる
ということじゃ
ないよ
あなたには
あなたの
いいところが
あるんだから
と言ってあげたい!!
よし
あきらめずに
チャレンジだ
うんっ
ねぇ
ネットで
逆上がりの
コツを詳しく調べて
みたよ
見て見て

えーっと…
①足に体重を乗せて何度か勢いをつけ
いーち にーの
ほう ほう
ちなみに運動神経の良し悪しは無関係だって
ホッ
②腕を体にひきつけたまま頭上の方へ蹴り上げる
回る方へつま先を向けるとよい
腕を伸ばしちゃダメ！
外に蹴っちゃダメ！
③足のつけ根を中心に弧を描くイメージで小さく回る
体がくの字になるように！
あごをひいてヘソを見る
くるん
おおーっ なんだかできる気がしてきたっ
うんっ 僕も！
しかし30分後
うう〜 手のひらのマメがやぶけた〜
体が重くて思うように持ち上げられない 腕の筋力弱いのかな
腕くたくた
結局成功しないまま初回の練習を終えることに
ふ〜 こうなったら少しダイエットして筋トレでもやりますか〜
腕をぐっとひきつけるのが逆上がりのポイントみたいだから
うん そうしよう
ダンベルやろっと
こうしてしばらく我が家はダイエット&筋トレ月間となりました
食後落ちついたら筋トレやろう
うん
サラダ
ささみ梅しそ巻き
野菜スープ

そして2カ月後
イメトレ中
足に体重乗せて
腕を体にひきつけ
ブツブツ
ブツブツ
鉄棒は足のつけ根
つま先は回る方向へ
あごをひいて小さく回る
よしっ
いーち にーのっ
ゴクリ
んっ
ザッ
おっ いいぞっ
うぐぐっ
くりん
!!
で…できた
人生初逆上がりだ
プル
プル
やったできた！できた！
にっこー
やったね〜
じーん
うんっうんっ
できるようになった!!

そして数日後
夫も成功し
しぃん
やったー
私達の
〝逆上がりチャレンジ〟は
終わったのでした
その後
逆上がりが
できるように
なったことで
ただいま〜
あっ
暮らしそのものは
特別変化は
ありませんが
ごめん
まだ仕事
終わってなくてっ
ごはん先に
食べてて
今まで時折
脳裏に浮かんでいた
〝逆上がりに関する
嫌な出来事〟を
あー
練習で
できたマメが
治って皮が
むけてきた
思い出すことが
少なくなって
いきました
それはきっと
自分を卑下する
心のトゲが
またひとつ
減ったということ
以前よりも
少しだけ
生きやすさを
感じるようになった
私なのでした
あー
ぽんちゃんも？
僕もー！
ほら！
あはは
ホントだ
小学生の
手みたい
ちなみに
あまりに
嬉しくて
公園を
通りかかった
とき たまに
逆上がりを
してしまいます
ほっ

"小さな私"が喜ぶために
他にもこんなことをしました
赤いクツ
子供の頃から着る物は母が決めていて
おしゃれに興味が出る年頃には
かわいい服を着ている友達がうらやましくて仕方なかった私…
母のおさがり
ある日母と一緒に運動グツを買いに行ってひとめぼれした赤いクツ
なにそれハデすぎ！
学校にはいていけるクツじゃないとダメ！
それ以来ずっと心に焼キついていました
いつの間にか
赤いクツなんて私には似合わない
なんて思ってたけどはいてみたら…
自分が望んでいたものを身に着けられるのってこんなに楽しくて嬉しいんだな
足もとを見るたびウキウキしてしまう私です

［第７話］ほめられたことを信じてみよう

そんなクセが
原因なのか
汚部屋
暮らし
体重95kg
どーせ
何やっても
不幸だし
なんて
なげやりな
生活をしたり
私に似合わなすぎて
欲しいと
思えない…
やっぱり私
変なのかな
新築
¥4980万
いわゆる
〝家庭的な幸せ〟
から自ら遠ざかって
いました
きちんとした
生活をすると
心の中も整って
くるのかな
ずっと逆だと
思ってたから
私の中では
新発見だ
心が整った
人が
きちんとした
暮らしが
できる
逆もあり！
そんな
ある日
仕事で
某社へ
うかがった
ときのこと
では取材は
以上です！
ありがとう
ございました
雑誌の
取材でした
ありがとう
ございました
トン
トン
ぽんさんらしい
あたたかで優しい
内容の記事に
なりそうです
えっ
いやいやいや
優しいなんて
とんでもないっ!!
私なんて
ただただ気が
弱いだけ
なんです〜
バタ
バタ
バタ

そんなに必死に否定しなくても
あはは
はっ
ははっはははっ
すみません
帰り道
私ってほめられるとつい力一杯否定しちゃうんだよなー
ほめられるとなんだかすっごく申し訳ないような気分になったり
いやいやめっそーもないっ!!
ありがたきお言葉すぎるっ
おそれ多いですっ
優しいですね
表
おとなしくてつまらない
裏
裏でこんな風に思ってたりして
ほめ言葉の裏に何か含みがあるんじゃないかとうたがったりしちゃうんだよね…
これって卑屈で悪いクセなのかも…
直したいな
いつからこんな風に考えるクセがついたんだろう
う〜む
思いおこせばあれは小学3年の頃…
授業中クラスメイトのKちゃんが突然吐いてしまったことがありました
あさがおの成長
たね
×日
理科

授業は中断
先生は慌てて
吐しゃ物の
片付けに取り
かかり
○山君
職員室から
新聞紙
もらって
きて〜!
は〜い
○月×日
日直:○山
騒然とした
教室の中で
Kちゃんは
オロオロして
立ちつくして
いました
すると
男子の数人が
Kちゃんを
からかいはじめ
ゲーロ
ゲーロ
ギャハハハ
汚ね〜〜っ
女子も
ヒソヒソ
クスクス…
Kちゃんは
泣き出して
しまい…
くすん
当時私は
Kちゃんと
とても仲良し
だったので
Kちゃんを
元気づける
方法はない
ものか
う〜ん
う〜ん
!
先生の手伝いを
誰もやりたがら
なかったけど
積極的に
片付けをして
汚なくない
汚なくない
私はKちゃんを
笑ったりしない!
ゴシ
ゴシ
先生
Kちゃんを
保健室に
連れていっても
いいですか?
あ
そ そうね
じゃあ
お願いね
うっかり
してた!!

ぽんちゃん
ありがとう
なんだか急に気分が悪くなっちゃって…
ううん
私も具合が悪いとき吐いたことがあるよ
誰でもあるんだよ
きっと
そして教室に戻る途中の手洗い場で
あ わたなべさん
ザブ
ザブ
先生
うふふ
先生誤解してたなあ
わたなべさんって本当は友達思いの優しいいい子だったのね
見直しちゃった!
にっこり
先生がほめてくれたにもかかわらず
えっ
ガーン
くらっ
私はひどくショックを受けたのです

じゃあ先生は今まで私のことをどう思っていたんだろう
単純に逆と考えたら
友達思い→友達にいじわる
優しい→冷たい
いい子→悪い子
元はこうだよね？
とぼ
とぼ
先生にずっと嫌われてたのかな
もしかしたらこの頃から私はほめ言葉を素直に受け止めることができなくなっていたのかもしれません
当時の私って忘れ物が多かったり片付けも宿題もやらない問題児だったから
先生にとったら好きな生徒ではなかっただろうな
バス
おっと
にゅううぅん
また"小さい頃の私"がヘコみはじめた
親になったつもりで声をかけるとすれば
大丈夫！あのときの行動はまちがってなかったよ
ぽん
ぽん
友達思いのいい子だったね

それに先生も言い方はともあれ
ちゃんとほめてくれたじゃないか
Kちゃんもありがとうって言ってくれたしね
ほめられたことは素直に喜んで
自信を持っていいんだよ
――あ
そうか
私は自分に自信がないから
ほめ言葉を信じられなかったり否定したくなったりしてた部分もあったんだな
ぽんさんらしいあたたかで優しい内容になりそうです
うん
Sさんありがとう
ほめられたことを素直に喜んで
少しずつ自信をつけていけたら
――そして
ほめられた記念に
きょうはちょっといいビール飲んじゃお～
おかず何がいい？
ハンバーグ！
バス
過去の言葉にふりまわされないようになれたら
私はまた少し身軽になれる気がしています
たっだいま～

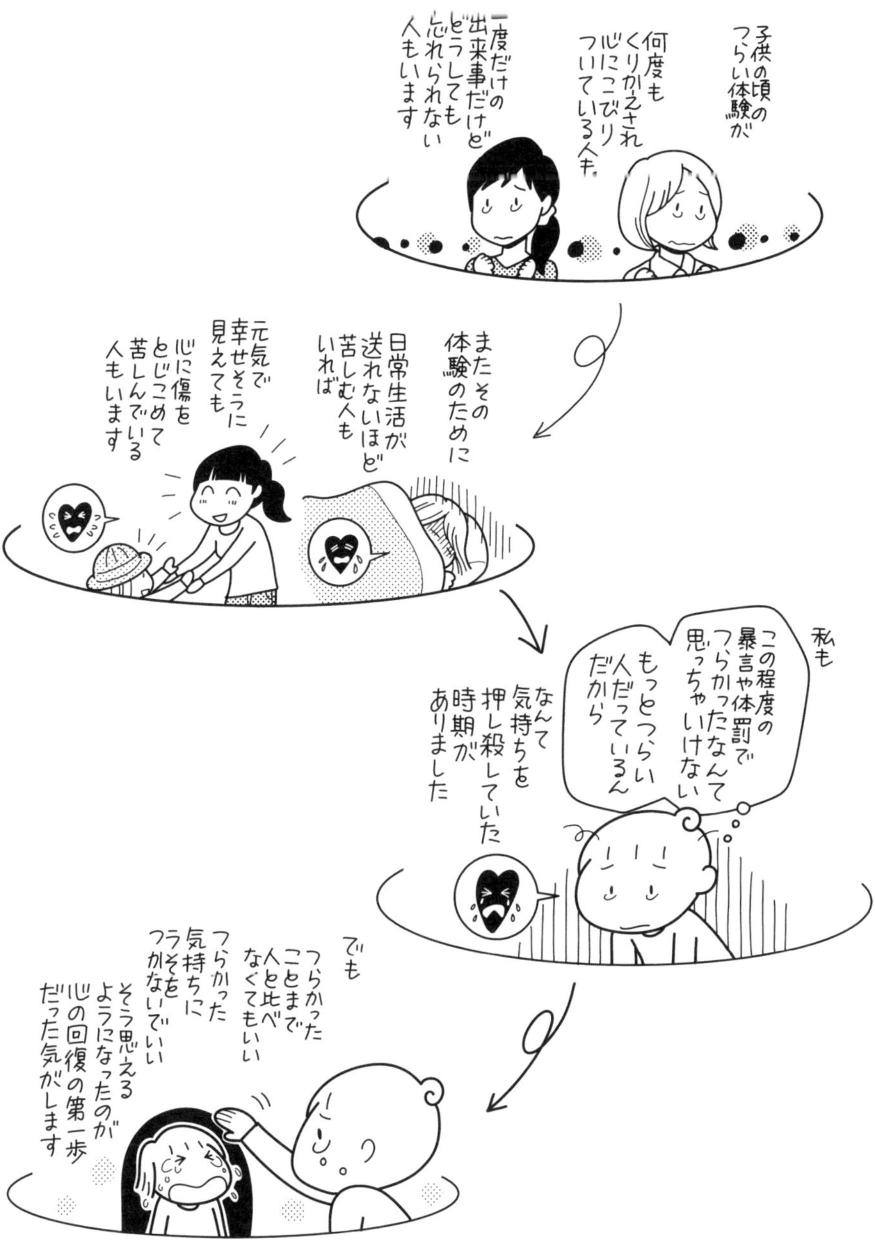
子供の頃のつらい体験が
何度もくりかえされ心にこびりついている人も
一度だけの出来事だけどどうしても忘れられない人もいます
またその体験のために
日常生活が送れないほど苦しむ人もいれば
元気で幸せそうに見えても心に傷をとじこめて苦しんでいる人もいます
私も
この程度の暴言や体罰でつらかったなんて思っちゃいけない もっとつらい人だっているんだから
なんて気持ちを押し殺していた時期がありました
でも
つらかったことまで人と比べなくてもいい
つらかった気持ちにフタをしないでいい
そう思えるようになったのが心の回復の第一歩だった気がします

［第８話］初めてのライブ

ひょんなことで知り合って
時々一緒に飲みに行くようになった
とり
はつ
かしら
ぼんじり
砂肝
なんこつ
かわ
ご近所にお住まいのKさん達
Kさん
M#さん
仕事の他バンド活動を楽しんでいるパワフルなおじさん達です
あ　そうそう
今度ライブやることになったんだよ　見においでよ
もちろん行きますよ
どんなライブなんですか？
バンドやってる仲間10組以上集めて
300人は入るライブハウス借りてやるんだ
プロもアマも出るよ！
そりゃスゴイ!!
ロック・フォーク懐メロなんでもありで
にぎやかにやろうぜって計画してるんだよ～
あ!!
そういえばぽんちゃんってジャズボーカル習ってるんだよね？
スリム美人シリーズ２巻
参照
え？
あ　はい
月に２回ほど…
そしたらぽんちゃんもライブ出ちゃえば？
バンドならやってくれる人を紹介するよ
えーーっ
そんなのムリムリムリムリ！
絶対ムリですっ!!

実は私には人前で歌うことにちょっとしたトラウマがありました
あたふた
にゅうぅん
小学5年生の音楽のテストでひとりずつ歌うことになったとき
はい じゃあ次はわたなべさん
はっ はいっ
ガタッ
あまりの緊張で声がひどくふるえてしまい
いま〜〜わたしの〜〜
※翼をください
プル
プル
プル
音楽
プ〜〜ッ
クスクス
変なの
面白〜い
クラス中に笑われからかわれて
恥ずかしくて泣いてしまったことがあったのです
ひ〜〜ん
もう二度と人前で歌なんて歌わない!!
私ってなんでいつもコウなんだ〜
あはは
ククク
でも元々歌は大好きだし大人になってからはカラオケに誘われることもあり
カラオケ
いいね
2次会
どうにかこのあがり症を直したくて憧れてたジャズボーカルを習い始めたのでした
MAHA
でもいくら習ってるって言っても300人の前で歌うことなんて私にはムリですよ!!
え〜でも〜
おまつりみたいなもんだし〜

ジャズボーカル習いはじめてもう4年くらい経つよね
成果を確認するためにも出てみたらいいんじゃない？
その通りだよ夫君!!
でもっ!!
こんな機会なかなかないよ〜
ぐっ
今電話でまとめ役の人に聞いてみたら
出演ＯＫだってさ〜
YOU出ちゃいなよ
ということで4カ月後
ななななんと初めてライブで歌うことになってしまったのでした
がんばれよ〜！
バシバシ
たましい
ひ〜
2日後 ジャズボーカルレッスンにて
えーっ!? 初ステージ!?
そりゃー練習がんばらなきゃ!!
いい目標ができたね！
ハイ…
先生は講師をしながら音楽活動しているプロのジャズシンガー
でも考えただけでも緊張しちゃって……
あーもう手汗出てきた〜
先生はステージに立つとき緊張ってしないんですか？
もちろんするときもありますよ！
緊張しすぎて歌詞忘れたり歌い出しまちがえたり
ウイッグとれてるの気がつかないまま歌ってたこともあったし
なんかクスクス笑われてるとは思ったのよ
ポロッ
えーえっ
先生でもそんなことあるんですね
意外…

でも変に緊張するときっていつも
"練習が不十分なとき"か"コンディションが悪いとき"なんだよね
私の場合
ふむふむ
メモメモ
そんな状態なのをごまかしたくて上手に歌おうとすると気負っちゃってガチガチに緊張しちゃうのかもしれないな～
失敗できない
したくない
だから体調万全でいっぱい練習してライブに臨みましょう！
はいっ
がんばりますっ
あ あのう先生もひとつだけ質問が…
すっごい変な質問なんですが…
ん？なに？
ステージに立ったときお客さんに
下手クソだな～
ブスだなぁ
つまらないなぁ
なんて言われていないか不安になったりしませんか？
私 歌も容姿も自信がないから人前に出るの怖くて…
もちろん先生は歌うま美人だからこんなことないでしょうけど
え？
ぽんさん誰かにそう言われたことあるの？
あ、いいえ 今はないんですけど…
遠い昔子供の頃に…

な〜んだー！
じゃあそれは誰かの言葉じゃなくて自分の言葉よ
自分で自分をいじめてるの
ドキッ
そう言われてみたら確かに自分に自信がないとき心に浮かぶ言葉って
私ってダメなヤツ…
なんでこんなことができないんだ…
わ〜ブスっかデブス
いつも自分をいじめるような言葉ばかりかも…
ステージに立つときは自分だけでも自分の味方でいてあげて
そのときふと――
にっこり
ここ数ヵ月の"小さい頃の私"を励ましながら生活してきた日々を思い出し
めんどくさいけどやっちゃお
うん
やればできる！
にゅうぅぅん
そうだね！私は私の味方！初ライブは上手下手よりも私が今できることを精一杯やろう！
練習がんばろう
うん
すっかり心が軽くなっていたのでした

数日後
STUDIO
Kさんが集めてくれたバンドメンバーと練習開始！
この度はよろしくお願いします!!
トッキー
Jック
A山さん
Kさんの飲み会で会ったことがある人ばかりだった
不慣れでまごついたりしたものの
経験豊富なメンバーのお陰で
なんとか歌を合わせられるようになっていきました
ぽんちゃんの歌に合わせるならここはシロタマじゃない？
オケー
シロタマ？
※シロタマ 二分音符(𝅗𝅥)全音符(o)など長い音や長くのばすことを指す
いよいよライブ当日
わぁ
出番もうすぐだって！今200人以上お客さん入ってるみたいだよ大丈夫？
うん さすがにドキドキしてる…
ドキドキドキドキ
そしてとうとう出番がやってきました！
自分だけは自分の味方になって
よし やれることをやればいい怖くないよ
うんっ！
続きましてはジャズバンド『PON&FRIENDS』で曲は『MISTY』『SUMMER TIME』の2曲です

!
ああ
私いま
ふるえないで
歌えてる
——というか
歌うのが
すごく
楽しい!!
こうして私は
自分でも信じ
られないほど
堂々と
ペコリ
2曲を歌い終わる
ことができたの
でした
パチ
パチ
初めてにしては
度胸あるじゃ
ないのー!
がんばった
がんばった
びっくり
した!!
今までで
一番声が
出てたね!
デビュー当時から
お世話になってる
編集さん達も
見に来てくれた
あの
ひっこみ思案の
ぽんさんが!
感慨
深い〜
えへへ
それからの
私は——
やったね!
ねっ

ジャズボーカル
レッスンに
通うのが
ますます
楽しくなり
もっと上手になるようにがんばる
先生！やりました!!
歌えました!!
キャーやったー！
おめでとう!!
カラオケに
誘われても
以前のように
緊張しないで
楽しめるように
なりました
後日ライブの打ち上げがありました
結局 私を
一番見下して
いたのは
他の誰でもない
私自身だったんだ
これからはもう
自分をいじめる
のはやめよう
人前で
あがらずに
歌えたこと
——それは
少しずつ
私が私を好きに
なってきた証拠の
ように思えて
心のどこかが
解放された
みたいに
清々しい
いい夜だなぁ
じんわり
喜びを感じ
たのでした
次は単独ライブやっちゃいなよYOU！
びしっ
それはさすがにムリですっ

第8話の
おまけです
ライブで
あがらずに
歌えた日の夜
私はこんな
夢を見ました
カーッ
木々が生い
茂る小路を
ひとり歩いて
いると…
おっと
足元に
大嫌いな
イモムシが
一匹
しかも
巨大
私はこれまでも
"大きなイモムシが
たくさん出てくる
嫌な夢"に
度々うなさ
れることが
あったので
うう〜
うう
夢の中で
うわっ
またあの
嫌な夢か
なんて
思っていたら
この後また
いっぱい
出てくるんだよな…
次の瞬間
私は
あれ?
空色の傘を
さしていました
ふと
見上げると
傘の上にも
大きなイモムシが
はっている影が!
ひっ
一瞬ギョッと
して
傘ごと
放り出そうかと
思ったのですが
ひ〜〜
どーしよ〜

なぜか この日は
いつまでも このまま 負けて いないぞ！
くそ〜〜っ
と思い
ぐっ
傘の内側から
えいっ
ピシッ
イモムシを はじいたのです
すると もう 小路の どこにも イモムシは いなくなって いました
そこで 目がさめて
ゴシゴシ
私はあがらずに ライブで歌えた 上に イモムシにも 勝ったのだ！
と ねぼけつつ 思ったのでした
あまりに 象徴的な 夢なので 夢診断や 心理分析の サイトを調べて みたら
え〜っと
カチャカチャ
生い茂る木 ＝ 成長や発展
たくさんの イモムシ ＝ 激しい ストレス 逃げ場が ない
傘 ← 身を守る もの 術
虫 ← コンプレックス
虫を退治 ＝ 苦手を 克服
空色 ＝ ポジティブ な気持ち
なるほど〜
内側から 強くなれた 表れかも しれない！
おもしろ〜い
これ以来 イモムシの夢は 一度も見て いません
もちろん 本物は今でも 大キライです
ギャッ

"小さな私"が喜ぶ ために
他にもこんなことをしました
家族写真
私には アルバムが ありません
残っている 子供の頃の 写真も とても少ない です
家族旅行や 七五三などの イベントもやった ことないし
アルバム
だからなのか わかりませんが
どうせ アルバム なんて 作っても 自分で 見ないし 思い出なんて 残しても仕方 ないし
なんて 思ってました
でもちょっと 意識して 出かけた先で 家族写真を 撮るように してみたら
思い出を 大切にする ってことは 自分を大切に するのと通じて いる気がする
データで 管理
ちょこちょこ 見るわけでは ないですが たまに見るのは いいもんだなぁ と思うように なりました
あ このとき 自転車 借りて サイクリング したんだよね

［第９話］流行に乗れない理由

実は…
じゃーね
バイバーイ
正直なところハワイには魅力を感じない私
なぜみんなそんなにハワイに魅かれるのだ？
それどころか
だいたい大メジャーな観光地に行くことって私としてはちょっとダサいと思っちゃうんだけどなあ…
などとひどいことを思ったりして
そんなことを
ただいまー
夫に話したら…
誰がどんな旅先が好きだろうとダサいなんて言われる筋合いないでしょ
そんなこと言っちゃダメ
じろっ
GAME
ごもっともです
すみませぬ
ズバッと叱られました
あのさ～前から思ってたけどぽんちゃんってそーいう〝メジャーなもの〟を嫌うところがあるよね
え？
流行のドラマや映画は絶対観ないし
Cinema
ドラマ
今夜9時スタート！
流行してる服も一切買わないし
おもしろいって評判の漫画もだいぶ時間が経ってから読んでるし
ニャブル
ゴールデンニャムイ
進ゲキの巨猫
プププ
なんだったら流行に乗ってる人を笑ってる感じだよね

それは何かのポリシーがあってのことなの？
流行に乗らないことがかっこいいと思ってるの？
えと あの… その〜
あた ふた
流行や定番を楽しんでる人から見たら ぽんちゃんみたいな人の方が
〝流行に乗り遅れてる人〟として
笑われてるかもしれないから気をつけた方がいいんじゃない？
ガーーん
そこまで言わなくても…
お…夫君 きょうは虫の居所が悪かったのだろうか…
めっちゃ怒られた
ドキドキ
プイッ
GAME
実は内心ずっとハワイに行ってみたかったが ダサイと言われ腹が立ったらしい
※後日談
確かに私って流行に乗るのを恥ずかしく思ったり
みんなと同じ行動するのが嫌だと思ってしまうことがあるんだよね…
あれ？
でも子供の頃はみんなと同じことができなかったのが
ずっとコンプレックスだったはずなのにな
みんなと同じ行動ができない
うろうろ
わくに文字を収めて書けない
わくの中をきれいに塗れない
みんなと同じ課題をこなせない
うん
にゅうううん

それがどうして
みんなと同じことができないコンプレックス
真逆
みんなと同じことをしたくない気持ち
こんなに正反対になっちゃったんだろうか…
そんなある日のこと
洋服屋さんで服を選んでいたら…
おっ
これ安いしかわいい！でもこれどうやって着るんだ？
スケスケ～
¥2,980
それは中に一枚着た上にはおるとかわいいんですよ 例えば
ひらり
こんな風に
へ～ ステキー
店員さん
パンツはワイドなものが相性良いですね～ ヌケ感のあるトップスと合わせるのが最近の流行りです
流行《はや》り？
ふと見渡すと
似た感じの服を着た女性がたくさんいることに気がつきました―

う〜む
流行りに乗ったよくある感じになっちゃうのは嫌だな
かわいいんだけどな…
それに私みたいな顔もスタイルも良くない人が流行の服を着ちゃうのって笑われないかなぁ
なーんか恥ずかしくない？
必死で流行に乗ろうとしてるみたいでこっぱずかし〜
ニヤニヤ
こんな風になりそう…
ん？
あれ？今〝私なんて〟って思った？
そのときずっと正反対だと思っていた
みんなと同じことができないコンプレックス
真逆
みんなと同じことをしたくない気持ち
この心の状態に答えが見付かったような気がしました
これってもしかして
みんなと同じことができないコンプレックス
そうだ！
みんなと同じことをしなければみんなと比べてヘコむこともないぞ
と心のどこかが考える
だから
みんなと同じことをしなくていいように言い訳をしてしまう
はやりものってキライなんだよね〜
それが考えグセとして定着してしまい…
〝みんなと同じことをしたくない〟という今の私になったのか？

それに自分に自信がないことの裏返しで〝人と違う私〟〝変わってる私〟に憧れがあったのかも…
ぐっ
〝人と同じは嫌〟という一見個性的な考えグセの裏にも自己肯定感の低さが表れているような気がしました
ん？ってことはこの考えグセのせいで本当は私にもできるのにやらずにきたことがあったかもしれない
この服だって流行ってるって聞く前は
あこれかわいい～
って思ったのにあきらめちゃうところだった
にゅうううん
ぐっ
うんわかってる！こういうところも変えていこう
すみません試着お願いしますっ
はーい
よく考えたら〝みんなと同じが嫌〟だなんてそれこそ人に流されているじゃないか
自分が良いと思ったものは素直に受け止めてみよう
わくわく
お客様～サイズとかいかがでした？
開けてもいいですか？
あっハイッ良さそうですっ

あら いいですね お似合いですよ〜
ほ…ほんとですか？
ドキドキ
全体的にナチュラルにまとめるとかわいいので髪の毛もちょっとだけルーズにまとめると雰囲気出ますよ
毛先ひっぱってゆるめてと
ふわっとシニヨン
おくれ毛
おお〜 なるほど
あのっ これ着て帰りますっ
お会計お願いします
はいっ じゃあタグ取っちゃいますね
ありがとうございまーす
思い切って流行りの服を着て歩いてみたけど思ってたよりずっと気持ちが楽だな
独自のセンスの服を着ているときの方が不安かも…
これ変じゃないかな
かわいい服嬉しい！
ひらり
——というかいずれにしても私は人目を気にしすぎてるんだ
悪いクセだな
みんなと同じことができてもできなくても私は私
自分がいいと思ったことをやるのが正解！でいいんだよね
うん

Boo
ん？
ハワイか～
そういえば
どういうところ
なのかちゃんと
調べたこと
なかったな～
ハワイ
どれ
どれ～
ハワイの
なんとなくのイメージ
でかい
ハンバーガー
フラ
芸能人
免税
わっ
なにこれ！
私の好きな
もの
てんこもり
じゃないか！
海はもちろん
だけどハイキング
コースもある
ザー
滝も
あるらしい
ハワイは
火山が
あるから
花崗岩や
カンラン石とか
見付けられ
たりして♥
鉱石好き
楽しそう
ハワイ
ファーマーズ
マーケット
市場
大好き！
ワク
ワク
フルーツ
かわいい
オーガニック
コスメ
ビーチ
コーミング
知らな
かった～
買って
帰って
夫君に
ハワイ旅行の
提案をして
みようかな
ハワイ
¥
みんなと同じに
できないこと
したくないこと
そんな迷路みたいな
心のモヤが晴れて
新しく
自分らしい
人生の楽しみ
方が
できそうな
予感がする
私なのでした
ハワイ

"小さな私"が喜ぶ ために
他にもこんなことをしました
小学生用ドリル
"宿題をうちできちんとやる"ということがほとんどなかった私
算数 6
小5 ドリル
学習ドリルなんてやる気もおきなかったけど
提出日にはさすがに罪悪感がありました
"どうしてやってこないの!?"
そこで小6の社会科ドリルをやってみました
えっ 参議院と衆議院ってこういう仕組みになってたの!?
今更人に聞けなかったことがここに!
大人になった今こそ必要な基礎がつまっていておもしろかったです
歴史・算数もオススメです
ニュースを以前より興味深く見られるようになりました
改めてドリルで勉強したこと
第二次世界大戦
マッカーサー
ポツダム宣言受諾
玉音放送
サンフランシスコ平和条約
終戦記念日のきょう…
ニュース
ふむ ふむ

［第10話］誰かを許せなくても幸せになっていい

私…実家とは絶縁してた期間があるんだ
えーー？!?
17歳の頃両親に美大への進学を却下され自宅から通勤ができる信用金庫への就職を勧められていた私
母が言うには
家から通って給料は家の口座に入れること 23歳になったら知人のつてで婿をもらうから家の敷地内に新居を建てること
こづかいは月2万円
だそうです
担任A先生
二者面談
おいっ それで本当にいいのか？ わたなべはずっと東京の美大に行きたいって言ってたじゃないか
この頃の私は母からの束縛や暴言に抗う気力をすっかり失っていました
はい… ――もういいんです
奨学金もらって進学しても返済する自信ないし…
二者面談
ぐっ
いや やっぱりこのままじゃダメだ！
美大はさておき家からは一度出た方がいいっ
先生にまかせとけ！
？
そう言ってA先生はその日の夜うちに来て
実はめったに高卒では採用しない大きな企業にうちの高校から2名推薦できることになって
うそ
すごい光栄なことなんですよ～
うそ
そこで内申の良いぽんさんを推薦しようと職員で意見が一致したのです
寮つき門限ありなので親御さんも安心ではないかと思うのですが
いかがでしょうお母様！
つっっっ ドキドキ

元々見栄っ張りな母は気を良くして
そうねえ そんな有名な 会社だったら いいかもねぇ じゃあ 3年だけ！ 3年したら必ず 帰って来て こっちで就職 しなさいよ
見合いにも有利だし
!!
おいっ
ヒソ ヒソ
家を出ちゃえば こっちのもんだ
もうお前は 好きにやれ！ 家になんて 二度と帰らなくてもいい んだぞ！
ヒソ
先生！
いひひ
マンガ描けよ！
こうして私は 高校卒業と 同時に家を 出て 上京する ことに成功 したのでした
ありがとう A先生…
東京 TOKYO
そして 3年後 もちろん 私には帰る 気なんて おきず…
ごめんなさい もう少しこっちで がんばってみたい からまだ帰れ ません…
投稿用のマンガをガンガン描いていた
すると 電話口で 母は激昂し
許さないよっ!! 3年で帰って 来る約束を やぶるのか！ この先もずっと 家に金を入れずに 遊びまわる つもりか!!
仕送りしろと言われていたが断っていた
わかった！ どうせそっちに 男でもできた んだろう！ この アバズレ!!
母の言葉は 夢に向かって 歩む私にとっても 同じ女としても

到底受け止められる
ものでは
ありませんでした
おい ぽんか
こっちは
気にするな
やりたいように
やりなさい
体に気を
つけてな！
じゃあな
この
親不孝
者が!!
うそつき
お前
なんか
父
ガチャッ
母の叫び声が
こっちまで
聞こえていた
……………
今までどんな
罵詈雑言を
言われても
ガマンしたけど
これはもう
ムリだ…
親子ゲンカで
使う言葉じゃ
ないよそれ…
このとき
私の中で何かの
糸が切れたような
感じがして
それ以来
実家とは
一切の音信を
断ち
事実上絶縁
ということに
なったのでした
でも数年前
大好きだった
祖母が長く
ないって従兄弟
に聞いて
居ても立っても
いられなく
なって連絡を
とるように
なったんだ
そんなことが
あったのか〜
ぽんの母ちゃん
怖そうだ
もんね〜
んで？
今は？
こまめに
電話したり
してんの？
ううん
全然
祖母も父も
もう亡くなったし
母とは年に数回
メールでやりとり
する程度だよ
弟いるけど
あんま
話さないし
母は
昔より大分
落ち着いては
いるけど
今はこれくらいの
距離が楽でいいよ

でもさ〜
うちらももう結構いい歳じゃない？
うん
親もだんだん弱ってきてるし
親孝行できる時間って思いのほか短いんだよね
意地張ってないで仲良くしなよ〜
お母さんもさみしかったんだよ、きっと
え？
世界でたったひとり 血のつながった母親なんだよ？
ぽんも子供産んでみたらわかるよ
ポンポン
どんなことがあっても結局親子は親子なんだからさ
お母さんを大切にしてあげてよ〜
………
ああ
そうだった
失敗した…
ギュッ
世の中には虐待された子供がどんな気持ちで生きているのかその親が本当はどんな人物なのかを
なかなか想像できない人や理解が及ばない人がいるのです
こういう人もいるから
あんまり話すのはやめていたんだった
おさななじみだから気を許して話してしまったけど…

Nちゃんが悪いわけじゃない
きっと理解できないだけなんだ
良かれと思ってやってくれただけなんだろうし
そう思おうとしても〝小さな私〟が騒ぎ出し
どうしてひどいことされた私が親孝行しなきゃいけないの？
にゅうううん
許さないといけないの？
お母さんを許せない私は悪い子なの⁉
それは何年ものあいだ心の中でずっとくりかえしてきた言葉でした
あっもうこんな時間だわ
帰るよS太!!
じゃあまたね！今度は山形でね
うん
こうなるともう――
パタン
〝子供産んでみたらわかるよ〟って…
こんな私が人の親になれるわけないじゃないか
プル
プル
プル
自己否定の嵐からぬけ出せなくなってしまうのでした

ただいまー
お？
きょう誰か来てたの？
わっ!!
ギョッ
おかえり〜
ぬっ
——な なんかあったんだね
まちょっと話してごらんよ
まぶたすごいことになってるよ
うん…
そこで夫にきょうの出来事や思ったことを話してみると
——というわけなんだよ
そっかー ぽんちゃんはお母さんを許せないことに
罪悪感があるのかもしれないね〜
罪悪感があるとつい
いろんなことをガマンして生きなきゃって思ってしまうけど
僕は〝人は誰かを許さないままで幸せになってもいい！〟
と思うんだよね
ズズッ

僕さ〜
前の前の会社の人で
ホントに今でもブンなぐってやりたいくらい
大嫌いなヤツがいるんだよ！
けっこー転職してる
ギ〜〜ッ
思い出すだけで腹が立つ!!
そいつは今でも大嫌い！
でも今転職した会社は居心地よくてすごく幸せ♥
これどっちも僕の本心で両立してる気持ちなんだよね
〝血縁〟と思うとややこしく考えてしまいがちだけど
ぽんちゃんはお母さんを許せない気持ちのまま
自分が幸せになることを考えてもいいと思うんだけどなあ
!!
——私は
本当は心のどこかで母を許したかったのかもしれない
ぶわぁぁ…
母にかわいがられるいい子になって
愛される幸せな子になりたかったのかもしれない
でもそんな風にはなれずやっぱり母を許せなくて
それで私は『母を許せない自分を許せなかった』のだと思います

だから私は
きっと
自分が
幸せにならないように
なるべく
自己肯定しないように生きてきた
のかもしれません
ぽん ぽん
ひっく ひっく
とっぷり…
はー
ごめんよ〜
ごはんの時間だいぶ過ぎちゃったね
落ち着いたんかい？
カフェオレあるよ
うん
落ち着いたらなんだかおなかが空いてきた!!
とりあえず今私が求める幸せは〝とんこつラーメン〟かなぁ
う〜ん
のび〜
おっいいね
食べに行こう
この先いつか母を心の底から許せる日が来るのか私にはわかりません
でもそれとは別に私は私の人生を私自身で幸せなものにしていこうという
決心がついたような気がして
わぁ
このまま外出るの恥ずかしいな
メガネかけていこうっと
なんだか心のどこか奥の方で
新たな扉が開かれたような前向きな気持ちです
ギョーザも食べよっと
私も〜

#〔第11話〕「良い思い出」を思い出せた

きっとこのママさんも優しい親御さんに育てられてきたんだろうなあ
ホラ次降りるからおもちゃはバッグに入れようね
ギュッ
私みたいな家庭環境で育つと自分の子供にうまく愛情を注げない気がしちゃう
だからこそいい親になろうとがんばる人もいるだろうけど
母親になる自信がない自分に改めてへこんでしまうのでした
あのねあのねお片付けしないと夜のあいだにネズミさんがおもちゃを持って行っちゃうんだよ
ふーん
じゃあお片付けしないとね！
ーーん？ネズミさん？
そのとき私はすっかり忘れていた遠い昔の出来事を思い出しかけていました
えーっとえーっと
"ネズミさん"
んーー
なんだっけ～
子供の頃にネズミさんが出てくる出来事があったような気がするんだよなあ
は～重っ
ドサッ
きょうはネズミさんがチョコを持ってきてくれたよ
チョコ
あれ？

――そうだ!
確か あれは 母が…
それは私が幼稚園に入園したばかりの頃でした
両親・祖父母共に健康管理に無頓着だったこともあり
幼少時代から超肥満児で虫歯だらけだった私
ほ乳ビンにサイダーを入れて飲まされていた
POTATO
幼稚園でもかかりつけの病院でも
体重や歯について注意されることが度々あったらしく
母は私に与えるおやつを制限せねばと考えたようでした
もっとおやつ~
いつもはあるのに~
さっき食べたでしょ もうないのっ!!
でも今まで食べ放題だったので突然のおやつ制限に耐えられるはずもなく…
さっきあのタンスの上からおやつ出したの見たもん
食べものにめざとい
ギクッ
あそこにきっとまだあるんだもん

えーっと えーっと
タンスの上の〝ネズミ市場〟はきょうは店じまいしました！
さあさ 寄ってらっしゃい チュー！
チョコ
あしたまた市場が開いたら買ってあげるよ
ネズミ市場？
そうだよ お母さんね ネズミさんと仲良くなったから タンスの上で市場を開いてくれるようになったの
でもね ネズミさんは体がとっても小さいから 毎日お菓子を1個しか運べないんだよ
よいしょ チュー
よいしょ チュー
チョコ
だから きょうの分はもうないの
ネズミ市場 いいなぁ 見たいなぁ
モワ
モワ
モワ
モワ
いい子にできたらね
ホッ
想像ふくらみ中
この日から私のおやつはネズミ市場から買ってくることになりました
ネズミさん ネズミさん きょうのお菓子は何ですか？
ワクワク

きょうはクッキーだって
わぁ
きっとこのクッキー運ぶのも大変だったよね！
…あっお母さんお金はどうするの!?
お金の代わりにお母さんが毎日ネズミさんに小さいおにぎりを作ってあげてるから大丈夫！
あしたはどんなお菓子だろうね
楽しみだね
〝ネズミ市場〟からお菓子を買う日々は　その後1カ月ほど続いたようなおぼえがあります
あれって結局なあなあになって終わっちゃったんだっけ
結局虫歯も肥満も改善されなかったし
おやつ？そこにあるの食べてな
え!?ネズミさんは？
ポテト
――でも
なんだか母とは思えないいい思い出だなぁ
にゅうーん
お
すると母とのほほえましい出来事を思い出したというのに
ん？
なんでこんなに落ち着かない気持ちなんだ？
〝小さい私〟は浮かない顔をしていて

お母さんのいい思い出なんて思い出したくない!
お母さんはいいお母さんじゃない! 私は許してない!
いい思い出なんて思い出しちゃったら誰を責めていいのかわからなくなっちゃうよ…
!!
私はこれまで母との嫌な出来事をくりかえし思い出し母を憎むことで
あんなこと言われた
ぶたれた
蹴られた
置き去りにされた
笑われた
一生懸命自分をなぐさめようとしていたのかもしれません
つらかったよ
痛かったよ
怖かったよ
かわいそうに…
だから私は今まであえて母との良い思い出を心の奥にとじこめてきたのかな
でも私はきょう母との良い出来事を自然と思い出したんだ

この一年あまり
子供の頃にできなかったこと
親にして欲しかったこと
私になんてできないと思ってたことを
大人になってから再チャレンジするリスト
意識してやってきて
自分でできるようになったものもたくさんあったから
過去を責める必要がなくなってきて
母との思い出はいいことも悪いことも
ニュートラルに思い出せるようになったのかもしれない
チョコ
許さなくていいけど
もう責めなくてもよくなりそうだよ
自分をなぐさめる時間は
今まで十分〝小さい私〟が作ってくれたしね
なでなで
つらかったのによくがんばってくれたね
生きていてくれてどうもありがとう
過去にあったつらい出来事のせいで
誰かを憎み自らを責めて
なかなか自分を好きになれなかったけれど
私はもうそろそろ
解放されてもいい頃なのかもしれません
うん
ふわっ

自分が嫌いじゃなくなってきて
こんなことができるようになったよ
自分のあらさがしをしなくなると
他人のあらさがしもしなくなる
みんな違ってみんないい
RAさんにメイクの相談ができるようになった
このファンデーションカバー力がありますよ
ジャズを練習しているときいままでは
フェイクをアレンジして歌いたいけど恥ずかしいな…
教科書通りにしか歌えなかったけど
少しずつ自分の好きなアレンジで歌えるようになってきた
いいね
初対面の人ともあがらずに話せるようになった
苦手な人と距離を置けるようになった
人に親切にしたり思いやることができるようになった
あ！落としましたよー！
自分のことでいっぱいいっぱいの頃はなかなかできないことも多かったもんね

エピローグ 自分が好きということ

あ
こ こん にちは
今気づいたふり
あら～ こんにちは これから お買い物？
さっきそこの お魚屋さんで サンマが美味し そうだったわよ
ホラ！ お魚好きなら オススメ！
わぁ ピチピチ！ 美味しそう
じゃあ 魚屋さんにも 寄ってみよう かな～ それじゃ！
は～い どうも～
やった！ スゴイ！ なんか今の 普通の大人の あいさつって 感じじゃなかった!?
すみませーん これ くださーい
コクコク
できるじゃ ないかっ 私っ!!
そして その夜
夕飯も終わり くつろいでいた ときのこと
ねーねー BGMがわりに 放送大学 つけておいても いい？
最近ハマっている
いいよー
ゲーム中ー
ピコ ピコ

何かおもしろそうな講義やってるかな
考古学とか生物学とか
ん？
心理学
トラウマとPTSD
○×大学 △△△△教授
たまたま放送していたのは心理学で
強烈なショック体験をした人の心に
ダメージが残ってしまうメカニズムと
その分類についての講義でした
BGMのつもりがつい見入ってしまう…
──ということで本日の講義は以上になりますが
学術的なお話とは別に私個人が考えることをひとつ…
つらい体験をして心にダメージを負った方々は日常生活を営むことすら困難になってしまうことがありますが
でもそんな方々が自ら立ち上がり行動をするとき
どんな人よりも思いがけない工夫や前向きさを発揮して
自分らしい生き方を取り戻すことができると私は思っています
！

うん 僕もそう 思うよ
わっ! 聴いてたんだ
そういえば この前千葉の おばさんちに 行ったとき ぽんちゃんが お風呂中に おばさんが 言ってたよ
おば 父の姉
ぽんはね 小さい頃から 大人の顔色を うかがってビクビク オドオドしてる 子供だったの
母親とのことも 気付いていたんだけど なかなか口を 出せなくてね かわいそう だったよ…
でもたくさん つらいことが あったんだから これからぽんを 待ってるのは きっといいこと ばかりに決まってる!!
またふたりで 遊びにおいで!
——だってさ! おばちゃんも 応援してたよ
うん! そう 思うようにする!
ありがと おばちゃん
私は今まで 自分が嫌いでした

嫌いで
嫌いで
時々
いなくなって
しまいたいと
思うことも
ありました
ぐすっ
ぐすっ
しも
〝小さい私〟の
心を満たすために
いろいろ試して
いるあいだ
ずっと
自分を
好きに
なりたい！
という言葉が
心に浮かんで
いました
本当に自分が
嫌いで　どう
なってしまっても
いいのなら
〝好きになりたい〟
なんてことも
思えないはず
ってことは
元々自分を
大切に思う
気持ちは
私の中にずっと
あったのかも
しれない
胸を張って
「自分が好き」と
言えるかは正直
まだわかりません
それでも今
私が私でいることが
楽になってきたのは
明らかです
いまだ嫌いな部分も
少しずつ好きに
なってきた部分も
受け止めていけるよう
次は何を
やってみようか
えーっとね
私はこれからも
自分を育てながら
悩んだり
笑ったりして
生きていこうと
思っています

おわりに

最後まで読んでくださって ありがとうございました！

今までも実体験に基づいたマンガを描いてきた私ですが今回ほど描くのが大変だったことはありませんでした。言葉や感情があふれてきて まとめられなかったり、逆にどうしても言葉につまってしまったり…
自分では克服したつもりでいた過去のことも改めて向き合うといまだ感情がゆさぶられることに驚きました。それ程 幼少期の思い出は心に残るものなのでしょう。
自分を好きになりたくても なかなか 行動に 移すことができなくて つらい気持ちを抱えている方も いらっしゃると思います。
まずは無理をせず、心と体をいたわって 作中の ジャズの先生の言葉『自分だけでも自分の味方でいてあげて』を 頭のすみっこでいいので 思い浮かべてもらえたらいいなぁと思います。

最後になりますが、この作品を描くにあたり、サポートをしてくれた家族や友人、楽しみに待っていてくださった読者の 皆様、いつも深く 理解してくださる編集担当のHさん、大変ありがとうございました。

わたなべぽん

〈初出〉　本書は「小説幻冬」ＶＯＬ．13～23の隔月連載に書き下ろしを加えたものです。

自己肯定感を上げるためにやってみたこと
自分を好きになりたい。

2018年10月25日　第1刷発行

著　者　わたなべぽん

発行者　見城 徹

発行所　株式会社 幻冬舎
〒151-0051　東京都渋谷区千駄ヶ谷4-9-7
電話　03-5411-6211（編集）
03-5411-6222（営業）
振替　00120-8-767643

印刷・製本所　図書印刷株式会社

デザイン　坂野弘美

検印廃止

ISBN 978-4-344-03373-3　C0095
幻冬舎ホームページアドレス　http://www.gentosha.co.jp/

この本に関するご意見・ご感想をメールでお寄せいただく場合は、
comment@gentosha.co.jp まで。